Julia Merodio Atance

Desde la ternura de Dios

Vía Crucis

Paulinas

Cubierta: *Cristo bajado de la Cruz*

© PAULINAS 2024
   Carril del Conde, 62 - 28043 Madrid
   Tel.: 91 721 89 84 - Fax: 91 759 02 04
   E-mail: editorial@paulinas.es
   www.paulinas.es

© Julia Merodio Atance

   ISBN: 978-84-19408-26-6
   Depósito Legal: M-1032-2024

   Printed in Spain. Impreso en España

INTRODUCCIÓN

Tengo que confesar que hacer un nuevo Vía Crucis no me resulta fácil, a fuerza de hacer tantos me inserto en él sobrecogida y admirada. Sé que tengo la ventaja de introducirme en su fondo después de haber rastreado, muchas veces el evangelio y sé que, precisamente eso, es lo que me lleva a ver que, a pesar de tanto deterioro y tanto hundimiento, el hilo conductor de todo el Vía Crucis es ofrecer a todos la Ternura de Dios que se hace presente en cada estación, lo mismo que aparece en cada acontecimiento desdichado o sombrío que se va presentando en nuestra vida.

Lo he elegido así, para mostrar por medio de él, –el tema de la ternura de Dios– porque parece que, lo que rodea hoy a nuestro entorno tira más hacia la actividad que hacia la interioridad, llevándonos a hacer muchas cosas por Dios, mientras que –sin darnos cuenta– vamos olvidando al Dios de las cosas.

La misma Palabra de Dios nos lo dice así: *«conozco tus obras, tu esfuerzo, tu entereza… pero has dejado apagar el amor primero»* (Apocalipsis 2,3).

Buscamos lo productivo lo que se ve, lo que se aprecia… presentamos actos y nos olvidamos de las actitudes: la ternura, la delicadeza, la finura, la gracia… eso que es invisible a los ojos.

Y yo creo que fue su modo de actuar, lo que realmente marcó la vida de cuantos se acercaron a Jesús, pues no solo quedaron prendados de sus actos sino que, de manera asombrosa, fueron marcados por sus actitudes.

Me atrevo a pediros que, este Vía Crucis, no sea un Vía Crucis más para llenar nuestra cuaresma, sino que sea algo especial, algo personal e íntimo.

Y, que seamos capaces de contemplarlo con ojos resucitados, para darnos cuenta de que, nuestro Dios, no es un Dios de muertos sino de vivos.

Un Dios cuyo signo inconfundible de entrega es: el Amor –cuya ternura– produce vida.

VÍA CRUCIS

Dios nos regala una nueva cuaresma y nosotros queremos vivirla desde lo profundo de nuestro corazón. Por eso, este año –como en años anteriores– vamos a acompañar a Jesús en su camino al Calvario, para vivir a su lado cada uno de los sufrimientos que, a lo largo del camino, se fueron haciendo presentes.

Sabemos que, a veces, la vida también nos reserva momentos de los que nos gustaría huir; tiempos que, no nos gustaría volver a recordar; instantes que incluso nos dañan… y nos llevan a encerrarnos en nuestras propias necesidades e intereses, dificultando abrir el corazón a Dios y a los demás. Y es por eso, por lo que Jesús quiso pasar por esas mismas situaciones agarrado a la **Ternura del Padre**, para enseñarnos que también a nosotros nos acompañará esa misma Ternura, aunque a veces no seamos capaces de captarla.

Sin embargo… ¡qué difícil nos resulta adentrarnos en esta realidad!

¡Nosotros, nunca hubiéramos creído que a Jesús le pasarían estas cosas!

¡Nunca hubiéramos imaginado que Jesús pasaría por lo mismo que nosotros!

¡Ni hubiéramos sido capaces de suponer que conocería el abandono, el desprecio, la soledad, el tedio...!

Pero sí, Jesús pasó voluntariamente por lo mismo que nosotros, para enseñarnos que, por muy adversas que sean las circunstancias que se nos presenten, la ternura del corazón del Padre estará en medio de ellas, para suavizar nuestro dolor.

Jesús en el huerto de Getsemaní

V/. Te adoramos, oh Cristo, y te bendecimos.
R/. Pues por tu santa cruz redimiste al mundo.

Del evangelio según san Lucas *(22,39-40)*

Jesús salió y fue, según su costumbre, al monte de los Olivos. Sus discípulos lo acompañaban. Cuando llegó al lugar, les dijo: «Orad para no caer en la tentación».

Meditación

Jesús se dirige al Monte de los Olivos. Era de noche, pero era todavía más oscura la noche de su alma. Los discípulos lo siguen. Él los va contemplando, de ahí que al llegar les dice: Orad, para que no caigáis en la tentación.

Cuando Jesús se adentra en la espesura de los olivos, lo primero que descubre es la **soledad,** dándose cuenta de que en los momentos decisivos de la vida, el ser humano se encuentra solo, terriblemente solo. Y es sorprendente comprobar que, en ese momento de angustia, de tedio, de zozobra… Jesús, busque a su Padre y lo dedique a orar.

Ahí estás en el huerto, Señor, solo con tu soledad. Acompañado simplemente por tu angustia, tu confianza en el Padre y su ternura: Padre, si es posible, aparta de mí este cáliz, pero no se haga mi voluntad, sino la tuya.

Oración

Jesús, también hoy hay muchas personas pasando su calvario en absoluta soledad. Los amigos están dormidos, los cercanos no quieren problemas, sus familiares tienen demasiado trabajo… Ayúdales a levantar el corazón al Padre y a orar sin desfallecer, pues felices ellos si en medio de tanto desierto, son capaces de sentir –como Tú la sentiste– la ternura del Padre.

Padrenuestro

Señor, pequé. Ten misericordia de mí y de todos los pecadores.

La traición de Judas

V/. Te adoramos, oh Cristo, y te bendecimos.
R/. Pues por tu santa cruz redimiste al mundo.

Del evangelio según san Lucas (22,47-48).

Aún estaba hablando, cuando apareció un gran tropel de gente encabezado por el llamado Judas, uno de los doce, el cual se acercó a Jesús para besarlo. Jesús le dijo: «Judas, ¿con un beso entregas al Hijo del hombre?».

Meditación

«Amigo, ¿con un beso entregas al Hijo del hombre?».

Nueve palabras que encierran una doble adversidad:

– La del corazón humano, capaz de traicionar a su Señor.

– Y la del dolor, al ver cómo es capaz un apóstol de vender por dinero a su mejor amigo.

Pero, lo más doloroso es ver que esto todavía tiene actualidad. La gente sigue comerciando con la inocencia humana. Ahí tenemos a los fabricantes de armas, a los que se enriquecen a costa de la droga, a los que comercian con el cuerpo y con el alma para obtener grandes dividendos.

Aquí y allá, tenemos los que promueven la violencia contra los más débiles. No importa quienes sean lo importante es seguir mintiendo todos los días en favor de sus propios intereses.

Oración

Señor, sobrecoge verte allí, llamándole «Amigo» –con la mayor ternura– a un traidor, intentando con esa palabra cambiar su obstinado corazón.

Pero, impacta todavía más, verte sin cansarte, sin importar los años que hayan pasado, sin poner ninguna condición… haciendo –hoy– lo mismo con nosotros. Emociona ver, cómo nos dices con ternura: ¡«Amigo», vuelve a Dios! Para que, lo mismo que entonces, nosotros sigamos con nuestro ritmo de vida sin pararnos a pensar ello.

Momento de silencio

Señor, pequé. Ten misericordia de mí y de todos los pecadores.

Jesús es condenado por el Sanedrín

V/. Te adoramos, oh Cristo, y te bendecimos.
R/. Pues por tu santa cruz redimiste al mundo.

Del evangelio según san Lucas (22,54.63.66.67)

Lo apresaron y lo condujeron a la casa del sumo sacerdote... Los que custodiaban a Jesús se burlaban de él y lo golpeaban… Al amanecer, celebraron consejo los ancianos del pueblo, los sumos sacerdote y los maestros de la ley… y le dijeron: «Si tú eres el mesías, dínoslo».

Meditación

Jesús está de pie ante el Sanedrín que pedía su muerte y lo que hace, es mirarlos con **una mirada tan llena de ternura que los sobrecoge**.

Ellos se hacen los fuertes y buscan palabras para poder injuriarle. Le llaman: reo, criminal, delincuente, condenado… Jesús lo escucha sin ofenderse y eso les inquieta; son incapaces de darse cuenta de que lo que realmente hería a Jesús, era ese dolor interior que sabía a traición, a ingratitud, a fracaso…

Y de pronto surge la pregunta ineludible ¿eres tú el Hijo de Dios? La respuesta de Jesús los descoloca: **Vosotros mismos lo decís.**

Oración

Jesús, también nosotros somos dados a juzgar. Somos duros de corazón y ponemos etiquetas: el delincuente, el criminal, el condenado… ¡Qué lejos estamos de tu ternura de Señor!

Necesitamos hacer silencio, para escuchar como Jesús nos dice: esos a los que vosotros despreciáis también son hijos de mi Padre y hermanos vuestros.

Canción

Señor, pequé. Ten misericordia de mí y de todos los pecadores.

Cuarta estación

La negación de Pedro

V/. Te adoramos, oh Cristo, y te bendecimos.
R/. Pues por tu santa cruz redimiste al mundo.

Del evangelio según san Lucas (22,54.56-57)

Pedro lo seguía de lejos… Una criada lo vio sentado junto al fuego, lo miró fijamente y dijo: «También éste andaba con él». Pedro lo negó diciendo «no lo conozco, mujer».

Meditación

Al ver lo que estaban haciendo con Jesús, Pedro es atrapado por el **miedo** y el miedo siempre paraliza; su Maestro ha sido arrestado y él puede correr la misma suerte, no le queda más remedio que huir. Entonces descubre que él, que estaba dispuesto a acompañar a Jesús hasta la misma muerte, en el momento de la dificultad no es capaz de dar testimonio. Había olvidado las palabras de Jesús avisándole de su debilidad.

Pero cuando el día comienza a despertar, antes de que Pedro sea consciente del canto del gallo, Jesús se vuelve hacia él y le mira; la mirada de Jesús lo desconcierta.

Él conoce bien las miradas de Jesús, porque sus ojos se han cruzado muchas veces con los del Maestro y lo que en ella descubre es su **ternura.**

No hace falta más para darnos cuenta de que no es el canto del gallo lo que despierta a Pedro, sino esa mirada que infunde confianza y seguridad al amigo débil.

Oración

Jesús, míranos también a nosotros ¡no dejes de mirarnos! Míranos hasta que seamos capaces, de descubrir en tu mirada la ternura de tu corazón.

Míranos, hasta que esa ternura vaya calando nuestro corazón, pues solo así podremos trasmitir tu ternura, a los demás, a través de la nuestra.

Padrenuestro

Señor, pequé. Ten misericordia de mí y de todos los pecadores.

Jesús es juzgado por Pilato

V/. Te adoramos, oh Cristo, y te bendecimos.
R/. Pues por tu santa cruz redimiste al mundo.

Del evangelio según san Lucas *(23,13-14)*

Pilato convocó a los sumos sacerdotes, a las autoridades y al pueblo, y les dijo: «Me habéis traído a este hombre como alborotador del pueblo; yo lo he interrogado delante de vosotros y no lo he encontrado culpable de las cosas de que lo acusáis.

Meditación

La noche había pasado y, al despuntar el día, Jesús se encuentra frente a Pilato Tras el silencio de la noche aparece **la Palabra**. *La Palabra que era Dios, pero «que vino a los suyos y los suyos no la recibieron…»* (Jn 1).

De ahí que, cuando le vuelven a preguntar si es el Mesías, Jesús rompa su silencio para manifestarse: *«De ahora en adelante el Hijo del hombre estará sentado a la diestra de Dios»* ¿O sea que tú eres Dios? **Lo Soy**.

Los nervios de Pilato aumentaban. Sabía que era inocente, pero se jugaba demasiado con la decisión. Por eso, lo saca afuera para mostrarles que no halla en Él delito alguno.

Y, ante la mirada de todos, aparece un **Rostro**, *el Rostro de la ternura de Dios* que, aunque lo cubriera la sangre, las costras y los salivazos, estaba allí mostrándoles –a ellos y a nosotros– que ese **Rostro** escondía todas las injusticias de la humanidad; de esa humanidad a la que Él estaba redimiendo.

Oración

Señor, ¡cuántos rostros aparecen cada día en nuestro camino sin que seamos capaces de percibir la presencia de Dios!

¡Cuántos rostros demacrados, desfigurados, deformados, heridos por la ingratitud de los seres humanos!

Vivimos una vida frenética que no favorece la oportunidad de verlos. Por eso, ayúdanos a que no pasen desapercibidos, pues realmente lo que intentan es mostrarnos la Ternura que Tú, Señor, quieres regalarnos por medio de ellos.

Silencio

Señor, pequé. Ten misericordia de mí y de todos los pecadores.

Jesús es flagelado y coronado de espinas

V/. Te adoramos, oh Cristo, y te bendecimos.
R/. Pues por tu santa cruz redimiste al mundo.

De la profecía de Isaías *(50,6)*

He ofrecido mi espalda a los que me golpeaban, mis mejillas a quienes me mesaban la barba; no he hurtado mi rostro a la afrenta y a los salivazos.

Meditación

Las cosas iban cada vez peor. El gobernador se retiró entre espantado y avergonzado, mientras aquel populacho no paraba de gritar.

El Mesías, el Hijo de Dios se estaba revelando de una manera muy distinta a la esperada. Y desde que fue entregado, era ahora –en el momento de recibir los latigazos– cuando comenzaba a ser el pan ofrecido en la Cena; ese pan que se rompe, se parte y se reparte para que llegue a todos: **el Pan de la Eucaristía**.

El vuelco de la situación estaba llegando a límites inauditos, y si antes veíamos la debilidad de Pedro, ahora admiramos la valentía de Jesús que, junto a su humildad, estremecía.

Ahí está sufriendo, padeciendo, entregándose a la muerte, para demostrarnos que después de padecer y sufrir, después de la muerte viene la Vida plena, la **Resurrección**.

Oración

Señor, vivimos en un mundo donde nos vamos acostumbrando a ver cómo se flagela a la persona. Cada día lo vemos con más normalidad. ¡Con tal de que a nosotros no nos toque!

Vemos dictar condenas y sentencias injustas, mientras que los que las dictan, siguen viviendo espléndidamente.

Ayúdanos, Señor, a saber rompernos, partirnos y morir un poco cada día –como Tú– para que otros puedan vivir algo mejor.

Padrenuestro

Señor, pequé. Ten misericordia de mí y de todos los pecadores.

Jesús es condenado a muerte

V/. Te adoramos, oh Cristo, y te bendecimos.
R/. Pues por tu santa cruz redimiste al mundo.

De la carta de san Pablo a los Filipenses (2,6-7)

Cristo Jesús, el cual, teniendo la naturaleza glo-riosa de Dios, no consideró como codiciable tesoro el mantenerse igual a Dios, sino que se anonadó a sí mismo tomando la naturaleza de siervo, hacién-dose semejante a los hombres.

Meditación

Desde que se pronunció la sentencia, la cruz caminaba hacía los hombros de Jesús sin que nadie pudiese detenerla. Pero, ¿hay alguien sobre la tierra que pueda vivir sin cruz?

Todos llevamos la nuestra: grande, pequeña, enorme, momentánea, permanente, humillante, honrosa… además de otras cruces internas cuyo valor todavía no hemos sido capaces de cuantificar. Sin embargo, cuando ponemos en ella a Cristo, cuando la llenamos de amor, cuando la usamos de puente, de escalera, de trampolín… para alcanzar a Dios, se vuelve más suave y aminora su peso.

Por eso necesitamos mirar a nuestro alrededor, porque es preciso que tomemos conciencia, al ver las cruces de los demás, que nosotros no somos ni los más golpeados, ni los más crucificados.

Oración

Señor, ayúdanos a llevar, cada día, nuestra cruz. A llevarla con cariño, con aceptación y también con elegancia. Sabiendo que Tú, Señor, vas siempre delante, poniendo nuestros pasos sobre tus huellas de sangre y de gloria, como Tú has puesto las tuyas sobre el pecado y la muerte.

Silencio

Señor, pequé. Ten misericordia de mí y de todos los pecadores.

Jesús se encuentra con su Madre

V/. *Te adoramos, oh Cristo, y te bendecimos.*
R/. *Pues por tu santa cruz redimiste al mundo.*

Del evangelio según san Lucas (2,48-49)

Y su madre le dijo: «Hijo, ¿por qué has hecho esto? Tu padre y yo te hemos estado buscando con muy angustiados». Les contestó: «¿Por qué me buscabais? ¿No sabíais que yo debo ocuparme de los asuntos de mi Padre?».

Meditación
La abnegación de una Madre.

La Madre no era ajena a lo que estaba pasando, sabía que el ambiente era cada vez más hostil y que iban a por su Hijo, pero en el fondo prefería ignorarlo, era demasiado para cargar con ello.

Como las noticias que le llegaban no las encontraba concisas ni ciertas, decide salir a buscarlo por aquellas calles estrechas y dificultosas que no le dejarían verlo con nitidez.

Pero, de pronto,… lo ve. Sus miradas se cruzan. Se miran. Y en esa mirada se abrazan sus almas. Parece que el dolor disminuye al sentir la cercanía y es ahí, en esa total entrega donde se sienten unidos definitivamente.

María recuerda las palabras de las bodas de Caná: ¿qué tenemos que ver tú y yo? Todavía no ha llegado mi hora. Ahora lo entendía. Ahora si había llegado. Este era su sitio, su hora, la hora de acompañar a todos en el dolor y la entrega.

Oración

Madre, también nosotros queremos como Jesús, que se crucen nuestros ojos con los tuyos, por cualquier callejuela de nuestra vida, para que tus ojos misericordiosos –llenos de ternura– nos ayuden a ponernos en pie y nos den fuerza para seguir el camino.

Canción a la Virgen

Señor, pequé. Ten misericordia de mí y de todos los pecadores.

Novena estación

Jesús es ayudado por el Cirineo

V/. Te adoramos, oh Cristo, y te bendecimos.
R/. Pues por tu santa cruz redimiste al mundo.

Del evangelio según san Lucas (23,26)

Cuando lo conducían, echaron mano de un tal Simón de Cirene, que venía del campo, y le cargaron la cruz para que la llevara detrás de Jesús.

Meditación

Siempre creemos que, en nuestra vida, no vamos a encontrar nada extraordinario; que el día que comienza será como el anterior y que nos acompañará la monotonía. Eso mismo era lo que pensaba Simón de Cirene, pero no fue así.

Cuando el Cirineo vuelve del trabajo, tiene un encuentro que nunca hubiera imaginado; de la manera más inesperada se encuentra con Jesús, al que ni siquiera conoce. Un encuentro que dura un momento, un instante, el tiempo justo de cambiar de hombro una cruz.

El Cirineo y Jesús no intercambian ni una palabra, ni un saludo… ¡nada! Sin embargo, en ese encuentro silencioso –en el que se tocan sus almas– los ojos del Cirineo descubren a los de Jesús y a pesar del sudor, del polvo del camino, de los salivazos… es capaz de observar la ternura que desprenden, quedando en ese instante grabados en su corazón.

Oración

Señor, también nosotros tenemos encuentros contigo, incluso a veces sin ser conscientes de ello. Encuentros que no necesitan palabras especiales para sentirlos, porque cuando Dios se manifiesta, el corazón lo descubre.

Para encontrarnos contigo, Señor, lo único que necesitamos es silencio, cercanía y un corazón humillado que se deje interpelar.

Padrenuestro

Señor, pequé. Ten misericordia de mí y de todos los pecadores.

Las piadosas mujeres del camino

V/. Te adoramos, oh Cristo, y te bendecimos.
R/. Pues por tu santa cruz redimiste al mundo.

Del evangelio según san Lucas *(23,27-28)*

Lo seguía mucha gente del pueblo y mujeres, que se daban golpes en el pecho y se lamentaban por él. Jesús se volvió a ellas y les dijo: «Hijas de Jerusalén, no lloréis por mí; llorad por vosotras y por vuestros hijos».

Meditación

En el doloroso camino del Calvario aparece un nuevo personaje: **La Mujer**. Y es normal, pues la mujer no puede estar lejos de donde se produce un sufrimiento, porque Dios le hizo el corazón sensible y tierno.

Pero es significativo que, hasta el momento, nadie se diera cuenta de ese grupo de mujeres valientes y sensibles que seguían a Jesús a pesar del riesgo que corrían. Sin embargo Jesús las ve y va hacia ellas. Y, ese Jesús que no había pronunciado ni una sola palabra, ahora les mira con ternura para decirles: ***Hijas de***

Jerusalén, no lloréis por mí, salid al mundo a aliviar los dolores de vuestros hermanos.

Oración

Jesús, también hoy dices a cada mujer: y para ti ¿qué significa ser mujer? ¿Te has dado cuenta de que la Iglesia te necesita? El Papa Francisco dice que la mujer ha de tener un papel fundamental en la Iglesia, aportando todos los carismas y dones que Dios le ha dado.

Por eso, ayúdanos a entender lo importante que es, que hombres y mujeres, trabajemos hombro con hombro y, paso a paso, para construir –desde el evangelio– un mundo más humano y entregado.

Avemaría

Señor, pequé. Ten misericordia de mí y de todos los pecadores.

Décimo primera estación

La Crucifixión

V/. Te adoramos, oh Cristo, y te bendecimos.
R/. Pues por tu santa cruz redimiste al mundo.

De la carta de san Pablo a los Gálatas *(2,19-20)*

Estoy crucificado con Cristo; y ya no vivo yo, pues es Cristo el que vive en mí. Mi vida presente la vivo en la fe en el Hijo de Dios, el cual me amó y se entregó a sí mismo por mí.

Meditación

A Jesús, lo han colgado del madero, lo han situado entre el cielo y la tierra, y sin ser conscientes de ello, lo han convertido en la travesía para llevar hasta Dios a toda la humanidad.

Y allí está en una agonía que podría durar días; aguantando –despojado de todo– el calor del día y el frío de la noche, nadie ha sido capaz de ver que, Él, es Cristo nuestro Salvador.

Y está ahí para decirnos con esa actitud: Felices quienes se entregan a la voluntad del Padre, quienes se van despojando de todo miramiento humano, porque sus ojos verán y sus oídos escucharán todo lo que Dios les ha ido revelando.

Oración

Señor, Tú sabes que cuando aparece la Cruz muchas personas dejan morir su fe y su esperanza. Ayúdanos a entrar en la hondura del misterio, para que dejando morir nuestra estima y nuestro materialismo, lleguemos al reconocimiento más profundo de tu ternura.

Padrenuestro

Señor, pequé. Ten misericordia de mí y de todos los pecadores.

Jesús muere en la Cruz

V/. Te adoramos, oh Cristo, y te bendecimos.
R/. Pues por tu santa cruz redimiste al mundo.

Del evangelio según san Lucas *(23,44-46)*

Hacia el mediodía las tinieblas cubrieron toda la tierra hasta las tres de la tarde. El sol se eclipsó y la cortina del templo se rasgó por medio. Y Jesús, con fuerte voz, dijo: «Padre, en tus manos encomiendo mi espíritu».

Meditación

Jesús, siente los estertores de la muerte y dando un ahogado grito exclama: ***Padre a tus manos encomiendo mi espíritu.***

Jesús acaba de morir y todo se ha estremecido, por eso el centurión –jefe de la ejecución– al ver la escena grita ante el asombro de todos: ¡Verdaderamente, este hombre, es hijo de Dios!

Jesús gritó y ese grito de Jesús, no dejó a nadie indiferente, pero lo que ellos no sabían es, que ese grito fue el que dio a la muerte un sentido de salvación.

Ese grito fue el que hizo capaz la transformación necesaria, para que la muerte se convirtiera en vida.

Ese grito nos dio la certeza de que, en la Cruz de Jesús, se abrieron de par en par, las puertas del Reino.

Oración

Señor, haznos entender que, ante la Cruz, es preciso desnudar el alma.

Que, es preciso vivir con fuerza el momento de la comunión con los hermanos.

Que es preciso demostrar, por fuera y por dentro, que queremos morir a todo lo viejo, para resucitar contigo a la vida en plenitud. Porque, «si el grano de trigo muere, da mucho fruto» (Jn 12,23)

Canción, *Nadie te ama como yo*
Señor, pequé. Ten misericordia de mí y de todos los pecadores.

María y el discípulo

V/. Te adoramos, oh Cristo, y te bendecimos.
R/. Pues por tu santa cruz redimiste al mundo.

Del evangelio según san Juan *(19,26-27)*

Jesús, al ver a su madre y junto a ella al discípulo preferido, dijo a su madre: «Mujer, ahí tienes a tu hijo» Y luego al discípulo: «Ahí tienes a tu madre». Y desde aquel momento el discípulo se la llevó con él.

Meditación

María está al límite de sus fuerzas, cuando recibe el cuerpo de su Hijo muerto. Haciendo un gran esfuerzo, lo abraza, lo limpia, lo contempla… Y a su mente llegan las palabras que, Jesús –desde la Cruz– le había dicho un rato antes al discípulo: «***Ahí tienes a tu madre***».

Con Jesús en su regazo se da cuenta de que, Él le hablaba de una maternidad distinta a la que nosotros entendemos. Jesús está viendo en Juan a toda la Iglesia naciente, a esa humanidad que Jesús quiere regalarle a su madre.

Y, ahí está, la Virgen, su Madre, envejecida por los años y el dolor, pero llena de una profunda fecundidad. Por eso no duda en dirigirle una segunda petición: «*Mujer, ahí tienes a tu hijo*».

Oración

Señor Jesús, ¡si fuésemos capaces de entenderlo! Si fuésemos capaces de acoger a María como madre, jamás podríamos decir que estamos huérfanos. Porque desde ese momento todos tenemos Madre.

Una madre llena de sabiduría, de esperanza, de consuelo... una madre que con su vida nos quiere unir a todos regalándonos su ternura y amor.

Porque si nadie puede vivir sin madre, ahora todos tenemos esa madre llena de fecundidad a la que podemos acudir en cualquier circunstancia de nuestra vida.

Avemaría

Señor, pequé. Ten misericordia de mí y de todos los pecadores.

Jesús es sepultado

V/. Te adoramos, oh Cristo, y te bendecimos.
R/. Pues por tu santa cruz redimiste al mundo.

Del evangelio según san Lucas *(23, 54-56)*

Era el día de la preparación de la pascua, y rayaba ya el sábado. Las mujeres que habían acompañado a Jesús desde Galilea lo siguieron de cerca y vieron el sepulcro y cómo fue colocado su cuerpo. Regresaron y prepararon aromas y ungüentos. El sábado descansaron, como estaba prescrito.

Meditación

Jesús había muerto y todo estaba en silencio, había llegado el tiempo de darle sepultura.

Pero, mientras en el templo, había miles de lámparas encendidas antes de que comenzase el gran sábado, la Luz del mundo reposaba en una losa fría de un sepulcro prestado. ¡Cuántas cosas debieron quedar sepultadas con Jesús, en esa oquedad!

Qué bueno sería que, también nosotros, aprendiésemos a entrar en el silencio de nuestros sepulcros para descansar de tanta violencia, de tanta ingratitud, de tanta intolerancia, de tanto egoísmo... para, desde ese silencio, escuchar la Palabra de Dios que habla al corazón y nos llama al auténtico amor.

Oración

Señor, reconforta observar que, a pesar de tanto dolor, la presencia de la Madre fortalecía a todos. Por eso, cuando nosotros tengamos que decir adiós a un ser querido, acudamos a su corazón de Madre.

Porque Ella es la madre que nos acoge con ternura y amor, es... la corredentora; es la que sostiene nuestra fe, es nuestra esperanza, nuestra fuerza en la debilidad y la que nos ayuda a renacer como hijos de esta Iglesia que resurge de nuevo cada día.

Silencio

Señor, pequé. Ten misericordia de mí y de todos los pecadores.

Décimo quinta estación

Jesús ha resucitado

V/. Te adoramos, oh Cristo, y te bendecimos.
R/. Pues por tu santa cruz redimiste al mundo.

De la carta de san Pablo a los Filipenses *(2,8-9)*

Cristo, en su condición de hombre, se humilló a sí mismo haciéndose obediente hasta la muerte, y muerte de cruz. Por ello Dios le exaltó sobremanera y le otorgó un nombre que está sobre cualquier otro nombre.

Meditación
El valor de oír pronunciar tu nombre.

Todos compartían el dolor de la despedida. Sin embargo, las mujeres, más impetuosas que los discípulos, vuelven al sepulcro. María Magdalena no dejaba de buscar a Jesús, por eso al verla se le acerca y pronuncia su **nombre**: ¡María!

María Magdalena, al oír su nombre se da cuenta de que está involucrada en la historia de la salvación y sale corriendo a comunicarlo a sus hermanos.

Al contrario que ellas, los discípulos llenos e miedo, siguen cerrados en el Cenáculo.

Habían pasado de la esperanza a la desesperanza; de la alegría al desconsuelo; creían que el Reino ya no era posible; no eran capaces de pensar en mundos nuevos, estaban derrotados y decepcionados. Pero, María Magdalena los sobresaltan diciéndoles: Lo he visto, **ha Resucitado**.

De nuevo Jesús, confía el gran mensaje a unas mujeres que no dan ninguna garantía de éxito. Pero a Él eso no le importa, lo que quiere es reafirmarnos en la misión. La revelación es enviada a los humildes, al núcleo más modesto y silencioso de la comunidad. Por eso lo confiere a las mujeres.

Oración

Hagamos silencio para escuchar, también nosotros en este momento, como Jesús pronuncia nuestro nombre. Pensemos si eso nos basta para reconocerlo, para que nuestra vida dé un giro, para que seamos capaces de resucitar. Porque nuestro nombre forma parte de esa lista de los llamados por Jesús a vivir una vida nueva, transformada por la Cruz y la Resurrección.

Canción

CONCLUSIÓN

Jesús, con este doloroso recorrido que lo ha llevado hasta la muerte, ha querido dejarnos impresas unas recomendaciones.

Nos ha dejado su **SÍ** radical, al mundo de la solidaridad, del compartir, de la ayuda incondicional...

Nos ha dejado su **SÍ** al gozo, al optimismo, al perdón, a la paz... a la Vida. Él ha sido el primero en nacer a la verdadera Vida, para que también nosotros podamos renacer a ella.

Jesús, con su Resurrección, ha pronunciado su **NO** tajante, al mundo del egoísmo, del orgullo, del odio, del fracaso, del pecado... porque Dios ha vencido todo esto con la muerte.

Ahora, ya tenemos las directrices por donde ha de discurrir nuestra vida. Es verdad que no será fácil, pero ahí estará Él para decirnos ¡No temáis! ¡No tengáis miedo! ¡Soy Yo! Y en realidad, esto no podremos demostrarlo científicamente, pero seremos capaces de sentir que todo se crea y se renueva porque el poder de Dios, siempre tiene la última palabra.

ALELUYA, ALELUYA, ALELUYA

VÍA CRUCIS